LES
DEUX CHAMBRES

ET

LA RÉVISION

PAR

Léon DONNAT

AVEC UNE PRÉFACE

PAR

A. ÉDOUARD PORTALIS

<hr>

PARIS

AUX BUREAUX DE LA *Vérité*, 9, RUE D'ABOUKIR

et chez les principaux libraires.

1881

LES
DEUX CHAMBRES

ET LA

RÉVISION

LES
DEUX CHAMBRES
ET
LA RÉVISION

PAR

Léon DONNAT

AVEC UNE PRÉFACE

PAR

A. Édouard PORTALIS

PARIS

AUX BURÉAMX DE LA *Vérité* 9, RUÉ D'ABOUKIR
et chez les principaux libraires.
1881

LES
DEUX CHAMBRES
ET LA
RÉVISION

PRÉFACE

—

A une époque où il ne traitait pas les électeurs de Belleville d'« esclaves ivres » et ou il ne les menaçait pas encore d'aller les chercher au fond de leurs repaires, je me rappelle avoir entendu dire à M. Gambetta : «La province mangera toujours la soupe que nous lui tremperons à Paris, »

Si cet-aphorisme était vrai — et la preuve qu'il ne l'est pas c'est que l'opportunisme vaincu à Paris règne encore dans un trop grand nombre de départements — le Sénat, non seulement le Sénat actuel mais le principe même d'une deuxième Chambre, devrait être considéré comme définitivement rejeté et condamné. Paris en effet s'est prononcé une première fois lors des élections législatives et plus récemment quand il a, par l'intermédiaire de son conseil municipal, choisi un délégué et un délégué suppléant pour les élections sénatoriales. « Si j'avais une République à organiser, a dit Victor Hugo, qui comme tant d'autres hommes politiques ne répugnerait pas à exercer pour le compte du Peuple français le pouvoir constituant, si j'avais une République à organiser, je la voudrais une, avec une Chambre unique. » Mot sonore, bien imaginé pour soulever les applaudissements des badauds; mais par malheur, ainsi que le faisait justement observer en 1792 le Gouverneur Morris, ministre de la République américaine auprès de la première République française, ce n'est pas avec des mots sonores qu'on fait les révolutions utiles et qu'on fonde la liberté.

Le délégué suppléant, M. Laurent-Pichat, s'est, lui aussi, prononcé pour la suppression immédiate de toute espèce de déuxiéme chambre répétant le sophisme de Sieyès : Si la deuxième Chambre est du même avis que la première, elle est inutile; si elle est d'un avis contraire, elle est nuisible.

Il faut donc aujourd'hui à un républicain un certain courage pour entreprendre la défense d'une institution dénoncée par les républicains les plus illustres et condamnée par la grande cité républicaine.

L'auteur de cette brochure, Léon Donnat, a eu ce courage.

Il est de ce groupe auquel je m'honore d'appartenir qui, comme je l'ai dit ailleurs, ne renoncerait pas pour un million de suffrages à la défense d'une idée juste.

Léon Donnat n'a pas composé sa foi politique d'après l'humeur de telle ou telle circonscription électorale. Il a cherché le vrai ailleurs que dans les passions changeantes de ses contemporains. Ayant étudié d'après l'histoire les gouvernements d'autrefois, il a étudié d'après nature, les gouvernements d'aujourd'hui. Il a parcouru le monde. Il a procédé par la seule méthode qui ne trompe jamais ceux qui l'emploient, par la méthode expérimentale. Il a observé et comparé. Patiemment, sans parti pris, scientifiquement il a noté les effets et les causes. C'est après avoir vu sur place fonctionner tous les systèmes, c'est après avoir étudié tous les gouvernements qu'il a conclu à l'incontestable supériorité ainsi qu'à la fatalité de la République démocratique et qu'il s'est écrié, comme tous ceux qui s'étaient avant lui livré à la même expérimentation: Là est la Vérité

Léon Donnat n'est pas un avocat, c'est un témoin. Il a vu et entendu. Il ne plaide pas, il dépose.

Pour donner une idée de sa manière de travailler, je conterai simplement les origines de cette brochure.

C'était au mois de juin de l'année dernière. On discutait dans les bureaux de la *Vérité* sur la question des deux Chambres. Un partisan de l'unité d'Assemblée interrompant tout à coup, Léon Donnat lui dit : « Vous nous parlez toujours des Etats-Unis; mais les Etats-Unis ne sont pas la seule République démocratique qu'il y ait dans le monde. Il existe une autre République moins éloignée de nous, qui est tout aussi démocratique, qui l'est même davantage, c'est la République suisse. Or, dans les cantons de la République suisse, il n'existe qu'une seule Assemblée. Les choses n'y marchent cependant pas moins bien qu'en Amérique, les droits et les libertés des citoyens n'y sont pas moins garantis. D'où je conclus avec Siéyès qu'une deuxième Chambre est inutile et peut être nuisible. »

« Jamais on ne me fera croire, répliqua Léon Donnat, qu'un peuple puisse être libre s'il n'a pas la faculté de faire appel devant une autre juridiction législative des décisions d'une Assemblée unique. Si les cantons suisses n'ont qu'une seule Chambre, ils ont dû remplacer la deuxième par un autre moyen de contrôle. Avant de me rendre à votre objection ou de la réfuter, j'étudierai la question. »

Le surlendemain je recevais un mot de lui m'annonçant qu'il partait pour la Suisse, afin d'y faire personnellement une enquête sur la question des deux Chambres.

Trois mois après il frappait à la porte

de mon cabinet la mine triomphante, tenant sous le bras un énorme in-folio de mille pages : « J'avais raison, s'écria-il en entrant, les cantons suisses n'ont pas deux Chambres, mais ils ont mieux que deux Chambres. Dans certains cantons où il n'y a pas d'Assemblée, le Peuple n'a pas à être protégé contre les empiètements du pouvoir législatif puisqu'il l'exerce lui-même, et il va de soi qu'en pareil cas, il n'est pas besoin d'une double juridiction législative; mais dans les cantons où le peuple ne fait pas la loi lui-même les décisions de l'Assemblée législative n'ont force de loi qu'après avoir été votées par le Peuple. Alors c'est le Peuple lui-même qui remplit l'office de deuxième Chambre. J'ai ici les constitutions des dix-neuf cantons de la Suisse. Chacune d'elles stipule toute une série de garanties contre les empiétements des Assemblées législatives, et il y en a que deux qui ne prescrivent pas e *referendum* obliga-

toire ou facultatif : c'est le Fribourg et
le Tessin. »

Puis il me fit part des résultats de son
enquête, consignés depuis dans une
série d'articles insérés dans la *Vérité*,
dont l'ensemble forme l'objet de cette
publication.

*
* *

L'argument de Siéyès, qui depuis cent
ans défraye la polémique des radicaux
français adversaires des deux Chambres, repose sur une notion absolument
inexacte de la nature du gouvernement
et de sa fonction dans les nations démocratiques. On s'imagine que le bonheur
du Peuple ne peut venir que du gouvernement. Les uns le veulent électif : ce
sont les républicains. Les autres le
veulent insurrectionnel : ce sont les
collectivistes. D'autres enfin, qui sont
moins de leur temps, s'attardent à le
vouloir héréditaire, ce sont les monarchistes de tout poil, légitimistes, orléa-
nistes ou bonapartistes.

Mais au fond, tous ont la même conception du gouvernementalisme. Ils veulent que l'impulsion politique parte du faîte de l'édifice, couronné suivant le système par un Louis XIV, un Bonaparte ou une Convention, au lieu de partir de la base, c'est-à-dire du Peuple. La meilleure preuve de cette identité de vues, c'est que tous les partis qui, jusqu'à ce jour, en France, ont brigué le pouvoir, ont à l'envi travaillé à la consolidation et au perfectionnement du même système. La machine sur laquelle est aujourd'hui monté le mécanicien Gambetta et que le mécanicien Clémenceau aspire à diriger est la vieille machine autoritaire et royale que Richelieu avait inventée, que Napoléon a perfectionnée, que les opportunistes remettent à neuf aujourd'hui, en attendant qu'elle soit amenée à sa dernière perfection par les collectivistes, qui seuls ont la courageuse franchise de tirer du principe toutes ses conséquences logiques.

N'est-il pas, en effet, de toute évidence que, si le gouvernementalisme a la vertu de réaliser la justice parmi les hommes et de les rendre heureux à un égal degré, tout gouvernement qui laisse subsister dans la société un vestige d'inégalité mérite d'être renversé par la force?

Le malheur pour les collectivistes et leurs congénères, partisans de la puissance de l'Etat, c'est que rien dans l'histoire du passé ni dans les faits contemporains ne justifie leur théorie. Toujours les progrès accomplis l'ont été malgré les gouvernements, non par eux. Le plus souvent même il a fallu, pour marcher, renverser le gouvernement qui barrait le passage à l'idée nouvelle. Le jour où les Français seraient remis, comme nous le demandons, en possesion de leurs droits d'hommes et de citoyens par la Revision intégrale de a Constitution de la République, je me demande quel est le bien que le gouvernement ou, ce qui revient au même aujourd'hui, le Parlement pourrait nous faire, législativement, en dehors du vote des lois de finance et de police nationale ou internationale.

En revanche, je vois très bien le mal dont il pourrait être la cause. Je me dis que si les représentants du pays méditaient à nouveau d'usurper nos droits, j'aimerais que la liberté ne pût pas être condamnée en une minute par un seul tour de scrution parlementaire et qu'il fallût au moins, pour la mutiler, le vote d'une deuxième Chambre. Je me rappelle les crimes des Assemblées uniques, les conseils de guerre de 1871, les transportations en masse de 1848, les hécatombes de la Convention, et je ne puis me défendre de la conviction que, si Robespierre avait pu en appeler devant une autre Assemblée de la sentence de celle dont il avait été l'idole, l'histoire n'aurait pas eu la honte d'enregistrer cette monstrueuse contracdiction d'une Assemblée souveraine, affolée par sa toute puissance, votant le 8 thermidor à l'unanimité, l'impression du discours du président du comité de Salut public et le lendemain, toujours à l'unanimité, sa mort.

Une autre victime de la fureur des assemblées uniques, le journaliste Camille Desmoulins, a enchâssé cette citation de Plutarque dans un de ses immortels pamphlets : «Point de bête plus féroce que l'homme, quand à des passions il réunit le pouvoir. »

Aussi longtemps que le mot de Plutarque sera vrai — et il est à craindre qu'il le soit longtemps — nous demanderons à prendre contre la puissance gouvernementale les garanties principales dont l'expérience a démontré l'efficacité. Nous réclamerons l'institution du jury, l'élection des juges, l'élection des fonctionnaires, la division du pouvoir législatif, et nous applaudirons des deux mains aux efforts de ceux qui, bravant le préjugé populaire, achèvent, comme Léon Donnat, de nous démontrer, avec pièces à l'appui, que les deux Chambres, au lieu d'être comme on le croit généralement une institution réactionnaire et aristocratique, sont au contraire dans les grands Etats la condition essentielle d'un gouvernement démocratique et libre.

C'est au moyen de semblables publications et de conférences publiques venant renforcer la propagande des journaux, que nous finirons par faire l'éducation de la Démocratie et par fonder la vraie République.

A.-Edouard PORTALIS.

LES DEUX CHAMBRES

ET LA

REVISION

---

28 octobre 1881.

I

M. Barodet, député de la Seine, a annoncé qu'il demanderait à la Chambre d'examiner et de résumer les promesses et les programmes qui ont présidé aux dernières élections législatives. Il ne semble pas qu'une proposition semblable puisse être écartée, car la plus simple bonne foi commande d'y souscrire.

La Revision, ou tout au moins la nécessité d'en discuter l'urgence, sortira fatalement de ce *dépouillement des Cahiers de 1881*. Elle se trouvera de nouveau posée devant la législature, comme elle l'est chaque jour devant le pays et comme elle l'a été, il y a quelques semaines, par la majorité des électeurs. Mais elle rencontrera un sérieux obstacle dans l'opinion d'un assez grand nombre de républicains contraires à la dualité du pouvoir législatif. S'il paraissait, en effet, probable que cette opinion vînt à prévaloir, si l'on pouvait penser que la Revision dût conduire à une Chambre unique, il est certain que, par esprit de conservation et au nom du principe qu'il représente, le Sénat repousserait à une forte majorité la réunion d'un Congrès.

Il est donc plus important que jamais d'étudier à fond la question des deux Chambres. Or, cette question ne nous paraît nullement difficile à résoudre, si l'on puise aux véritables sources de la saine critique.

Nous emploierons donc la méthode à laquelle nous sommes toujours et resterons fidèle : nous ferons appel à l'observation et à l'expérience, aux observations que nous avons faites nous-même sur place, aux expériences dont nous avons nous-même constaté les résultats. Il est sans doute plus habituel en France et il peut paraître d'une érudition plus brillante d'invoquer le témoignage des politiques célèbres et des jurisconsultes en renom. Mais un tel procédé n'est pas le nôtre, parce qu'il renferme à une trop petite dose les garanties de la certitude.

En effet, en regard de l'avis de tel publiciste ou de tel politique on trouve toujours à placer un avis différent émis par un autre publiciste ou par un autre politique non moins connu : si Turgot et Condorcet sont partisans de l'unité législative, Benjamin Constant et Rossi lui sont contraires. En outre, les hommes d'Etat n'ont pas toujours une manière de voir très soutenue sur un même sujet; nous nous en apercevons assez aujourd'hui pour avoir le droit de nous méfier de leurs opinions autant que de leurs promesses. C'est ainsi que Sieyès défenseur acharné d'une seule Assemblée en 1789, en faisait établir trois dans la Constitution de l'an VIII. Enfin, les témoins dont on pourrait invoquer les dépositions vivaient dans un courant d'idées différent du nôtre, et la situation de la France à leur époque, cette époque ne fût-elle pas plus éloigée que 1848, ne saurait être exactement comparée à la situation actuelle.

Que pèse d'ailleurs l'argument d'un orateur auprès des grands faits que l'histoire enregistre ou que nous trouvons encore vivants devant nous? Comment mettre en balance l'opinion d'un publiciste avec le sentiment de tout un peuple incarné dans des institutions éprouvées?

Presque tous les problèmes qui nous intéressent sont actuellement résolus à la surface du globe ; seulement, il faut aller chercher les solutions là où elles existent. Il faut savoir, suivant la parole d'Emerson, mesurer le cercle de la terre avec ses souliers pour trouver la vérité.

Il faut plus encore : on ne doit pas se borner à examiner le détail ; il faut, sous peine d'en méconnaître le sens ou la portée, le rattacher à l'ensemble dont il fait partie. Il faut aussi, par une observation attentive, distinguer les faits accessoires d'avec les principaux et les institutions qui ne sont que les vestiges d'un passé qui s'efface d'avec celles qui sont le prélude d'un avenir qui se prépare.

Telle est en peu de mots la méthode qui a présidé à cette étude.

II

Un grand fait s'offre tout d'abord à nos yeux : dans tous les Etats où le régime représentatif est en vigueur, la législature nationale comprend deux Chambres. C'est ce qui arrive en Europe pour le Royaume-Uni, la Suède, la Norwège, le Danemark, les Pays-Bas, la Belgique, la Suisse, l'empire d'Allemagne, la Prusse, la Saxe royale, les grands-duchés de Bade et de Hesse, la Bavière, le Wurtemberg, l'Autriche, la Hongrie, la Bulgarie, la Roumanie, l'Italie, l'Espagne et le Portugal.

Il est vrai qu'on rencontre une Chambre unique en Grèce, en Serbie, en Finlande et dans dix-sept Etats confédérés de l'Allemagne (1); mais la plupart de ces pays constituent des provinces plu-

---

(1) Ce sont les grands duchés d'Oldenbur

.tôt que des nations, et aucune comparaison ne saurait être sérieusement établie entre la France et eux. D'ailleurs quelques provinces analogues fournissent, au point de vue qui nous occupe, un exemple tout à fait opposé : c'est ainsi que Brême, Hambourg et Lubeck possèdent deux Assemblées.

Le Nouveau-Monde présente des enseignements analogues à ceux que nous venons d'emprunter à l'Europe : la dualité législative prévaut depuis le Canada jusqu'au Chili. Les Etats-Unis l'ont adoptée, non seulement pour le gouvernement national, mais aussi pour celui de leurs trente-huit régions. Le peuple de ces régions a souvent modifié son pacte constitutionnel ; partout et tou-

---

Mecklenburg-Schwérin, Mecklenburg-Strélitz, Saxe-Weimar-Eisenach, les duchés de Saxe-Meiningen, Saxe-Cobourg-Gotha, Saxe-Altenburg, Brunswick, Anhalt, les principautés de Schwarzburg-Rudolstadt, Schwarzburg-Sondershausen, Waldeck, Reuss-Greitz, Reuss-Schleitz, Schaumburg-Lippe, Lippe-Detmold, et enfin l'Alsace-Lorraine.

l.

jours le système des deux Chambres a été respecté ; on l'a abandonné une fois seulement pour la Pensylvanie, et l'on n'a pas tardé à y revenir.

Nous avons quelque peine à comprendre comment, en présence de faits aussi généralement constatés, certains politiques attaquent avec tant de passion le principe de la Chambre haute ; on pourrait croire que plusieurs d'entre eux cherchent plutôt à flatter un préjugé populaire qu'à instituer la meilleure forme de gouvernement. En admettant même que leur système soit bon et qu'il soit appelé à prévaloir un jour, il est indiscutable qu'il fait, au premier chef, partie de ceux dont l'étude peut être renvoyée à une époque ultérieure. Tandis que des réformes urgentes, conseillées par l'exemple des peuples les plus libres et les plus prospères, sont exposées à être ajournées au vingt-unième siècle, il semble que c'est la question d'une Chambre unique qui peut sans aucun dommage subir une discussion tardive. Pourquoi la France néglige-

t-elle toujours de courir au plus pressé ?
Pourquoi ne marche-t-elle pas résolument dans des voies qui ont été tracées par d'autres et qui ne laissent rien à l'inconnu, plutôt que de s'aventurer dans des sentiers inexplorés à la recherche d'avantages douteux ?

Quant à nous, les exemples cités plus haut suffiraient, et au delà, pour nous faire désirer la conservation des deux Chambres. Les motifs qui ont conduit les nations démocratiques au partage du pouvoir législatif ont été partout les mêmes ; quelques-uns sont d'une saisissante vérité. Ils sont bien connus d'ailleurs. S'ils n'ont pas convaincu en France les partisans d'une Chambre unique, il faut penser qu'ils sont insuffisants ; pour faire accepter généralement l'institution de deux Chambres, il est nécessaire de recourir à une démonstration plus complète, à un argument nouveau. C'est cet argument que nous voulons produire ; c'est cette démonstration que nous voulons établir.

III

L'étude des Etats libres nous a conduit deux lois politiques dont nous avons vérifié l'exactitude pour l'organisation nationale ainsi que pour l'organisation locale de ces Etats. Ces lois, que nous avons déjà indiquées ailleurs (1), peuvent se formuler ainsi :

« 1° Chez les peuples libres les pouvoirs publics de l'Etat, de la région, du département, du canton, de la commune sont organisés de telle sorte que le peuple puisse exercer à toutinstant sur ces pouvoirs un contrôle efficace ;

» 2° Chez les peuples libres les pouvoirs publics de l'Etat, de la région, du département, du canton, de la com-

____

(1) *Lois et mœurs républicaines*, ch. XIV.

mune sont organisés de telle sorte que le Peuple exerce à l'aide de ces pouvoirs la plus grande somme d'action.

La première de ces lois se rapporte plus particulièrement au sujet qui nous occupe.

Dans le régime moderne on admet que le Peuple est souverain. Or, pas plus que la volonté, la souveraineté ne se peut déléguer, car, du jour où cette délégation est faite, la souveraineté disparaît. D'autre part, à mesure que la civilisation se perfectionne, les services publics deviennent plus nombreux et plus variés ; le Peuple ne saurait les diriger tous directement; il est obligé de créer des organes divers pour les diverses fonctions, un moteur pour chaque rouage à faire mouvoir.

Dans les monarchies absolues il n'y a, à proprement parler, qu'un moteur par rapport au Peuple, puisque entre les mains du roi ou de l'empereur, les sujets ont fini par résigner toute leur puissance d'action et tous leurs droits de contrôle. Dans les démocraties, au contraire, il

1..

existe un nombre considérable d'agents, dont les emplois sont coordonnés plutôt que subordonnés entre eux ; la subordination n'existe qu'à l'égard de la Nation souveraine. Or, cette subordination serait illusoire et la souveraineté serait en fait déléguée aux mandataires, si le Peuple ne pouvait à tout instant contrôler la marche des divers rouages, l'équilibre des forces diverses qui sont comme les composantes de sa suprême autorité. Il en résulte que les institutions démocratiques sont d'autant plus parfaites qu'elles se prêtent mieux à ce contrôle.

La nation suisse nous offre à ce sujet des tableaux saisissants de vie et de vérité.

IV

Cette nation est composée de vingt-deux Etats particuliers ou cantons; trois d'entre eux sont même divisés politiquement en deux parties et forment six demi-cantons (1). On a ainsi vingt-cinq régions, lesquelles sont autonomes pour les intérêts qui les concernent. Chacune d'elles, en effet, élabore, vote et révise, quand il lui plaît, sa Constitution particulière; elle choisit, sans aucune intervention du pouvoir central, les mandataires préposés aux services régionaux; elle discute, établit et lève les impôts du canton; elle arrête sa législation, civile et criminelle, sauf en quelques

---

(1) Appenzell-Rhodes extérieures, Appenzell-Rhodes intérieures, Bâle-Ville, Bâle-Campagne, Unterwald-le-Haut (*Obwald*), Unterwald-le-Bas *Nidwald*).

matières réservées, comme aux Etats-Unis, à l'autorité nationale et qui se rapportent, par exemple, au commerce et aux transactions mobilières, à la faillite, à la propriété artistique et littéraire, aux peïnes corporelles, etc.

Le pouvoir législatif de la nation est exercé par deux Chambres : le *Conseil national*, composé de 143 députés du peuple suisse, élus à raison d'un député par 20,000 habitants ; le *Conseil des Etats*; formé de quarante-quatre députés, à raison de deux par canton.

Les discussions que soulève actuellement en France la question des deux Chambres se sont produites en Suisse dès l'année 1848. Au sortir de la guerre dn Sonderbund, la Confédération helvétique voulut substituer à la Constitution de 1815 une Constitution nouvelle. La commission chargée d'en rédiger le projet proposait de remplacer l'ancienne Diète par deux Chambres législatives, à l'imitation du régime adopté par la Démocratie américaïne. Les représentants des cantons ne s'entendirent pas tout d'abord à cet égard : Berne et Argovie ne voulaient qu'une seule Chambre ; Soleure, Saint-Gall, Vaud et Genève en voulaient deux ; Zurich demanda que si l'on s'en tenait à une Chambre unique, l'on soumît les lois et les décisions importantes au vote des cantons. A la fin, le projet de la commission fut adopté à une majorité de seize voix.

La Constitution de 1848 a été revisée en 1874, et la dualité législative n'a plus rencontré d'opposition. Le contrôle qu'elle institue en exigeant pour toutes les lois fédérales l'accord des deux conseils est même renforcé par une disposition spéciale connue sous le nom de *Referendum*. Elle consiste en ce que les lois sont soumises à l'adoption ou au rejet du Peuple, si la demande en est faite par 30,000 électeurs ou par huit cantons. La même obligation existe pour les arrêtés fédéraux qui sont d'une portée générale et qui n'offrent pas un caractère d'urgence.

V

La loi du contrôle que nous avons exposée plus haut trouve dans l'organisation législative des Etats particuliers de la Suisse la justification la plus complète.

Ces Etats peuvent être classés en deux catégories distinctes : les uns, au nombre de six cantons ou demi-cantons, sont organisés d'après le principe de la démocratie pure (1) ; les autres le sont d'après celui de la démocratie représentative.

Dans les premiers, les électeurs s'assemblent régulièrement chaque année, en avril ou en mai ; ils peuvent être extraordinairement convoqués à d'autres époques par le Grand Conseil. Ils arrivent, quelquefois au nombre de dix à

---

(4) Ce sont Rhodes extérieures. Rhodes intérieures, Glaris, Obwald, Nidwald et Uri.

douze mille, vêtus de leurs habits de fête, les uns portant l'épée au côté, les autres la tenant à la main; ils se réunissent sur une place publique ou sur un plateau découvert, et se groupent autour de l'estrade où prennent place les principales autorités du canton, sous la présidence du *Landamman* (1).

La séance s'ouvre par une prière ou par un chant national. Le landamman présente ensuite un rapport sur l'administration du canton et un exposé des lois élaborées par le Grand Conseil pour être soumises à la votation populaire. Généralement, quinze jours ou un mois avant la réunion, les électeurs ont reçu à domicile le texte imprimé des projets sur lesquels ils auront à délibérer, ainsi que le budget des recettes et des dépenses. L'assemblée, la *Landsgemeinde*, comme on l'appelle, doit se prononcer sur les emprunts, sur la création d'impôts nouveaux ou sur l'augmentation

---

(1) Chef du pouvoir exécutif, comme président du Conseil d'Etat.

des impôts anciens; elle délibère et
vote sur les questions de législation
et d'administration publique; elle ac-
cepte ou rejette, quand il y a lieu, la
Constitution qui lui est présentée; elle
décide s'il convient, ou non, de reviser
la Constitution existante; elle statue sur
les propositions qui lui sont faites d'é-
tablir des lois nouvelles, de modifier ou
de supprimer des lois anciennes; elle élit
les fonctionnaires chargés de préparer
ses décisions ainsi que les agents de
l'ordre judiciaire et de l'ordre exécutif (1); elle contrôle leur gestion pour
l'année écoulée.

---

(1) Ainsi, par exemple, la Landsgemeinde d'Obwald élit pour quatre ans les sept membres du
Conseil d'Etat, chargés du pouvoir exécutif, et
parmi eux le Landamman, président de ce Conseil, le vice-président, le trésorier du canton, ces
trois derniers fonctionnaires étant élus annuellement et les deux premiers n'étant pas rééligibles pour l'année suivante. La Landsgemeinde
nomme encore tous les quatre ans les neuf
membres de la cour suprême, leurs quatre as-
sesseurs, et tous les deux ans le président et le
vice-président de cette cour, tous les trois ans,
les deux députés au conseil fédéral des Etats,
tous les quatre ans le secrétaire et l'huissier du
canton.

Comme on le voit par ce tableau, dans les cantons à démocratie pure de la Suisse, le Peuple retient avec un soin jaloux sa souveraineté : il ne la délègue point, et les mandataires qu'il choisit ont uniquement pour mission, les uns, comme les grands conseillers, d'éclairer ses délibérations au moyen d'études préalables ; les autres, comme les conseillers d'Etat, d'exécuter les résolutions qu'il a prises, sauf à rendre compte devant lui.

Dans le cas que nous venons de décrire, non seulement il n'existe pas deux Chambres, mais il n'y a pas de Chambre du tout ; les institutions ont été combinées de telle sorte que la souveraineté du Peuple restât aussi entière et auss respectée que possible.

VI

Dans les cantons à démocratie représentative de la Suisse, le pouvoir législatif appartient toujours à une Chambre unique connue sous le nom de Grand-Conseil (*Grosse Rath, Landrath, Kantonsrath*). Cette circonstance, qu'un examen superficiel et isolé pourrait faire considérer comme défavorable à l'opinion que nous soutenons ici, est, au contraire, le plus fort argument qu'on puisse invoquer en sa faveur. Ceci n'est point un paradoxe, et les explications qui vont suivre en fourniront une démonstration surabondante.

Nulle part, en Suisse, le Grand-Conseil cantonal n'a de pouvoirs analogues à ceux de notre Parlement : les attributions qu'il possède sont resserrées dans des limites fort étroites par chaque Constitution. Ces limites sont la mesure exacte de la résistance apportée par le

Peuple à se dessaisir de son autorité. En voici le tableau succinct.

1° Garanties constitutionnelles

Il n'est pas une seule des Constitutions de la Suisse qui ne spécifie les droits primordiaux des citoyens ainsi bue les principaux devoirs de leurs mandataires. Ces droits et ces devoirs sont même indiqués avec assez de détails pour ne laisser aucune prise à l'arbitraire des lois (1). Tandis que la Constitution française peut être modifiée selon le bon plaisir de l'Assemblée nationale, tandis qu'elle est muette sur la liberté de la presse, de réunion, d'association, de conscience, d'enseignement, tandis que notre loi organique sur l'é-

---

(1) J'ai sous les yeux les textes de la Constitution fédérale et des vingt-cinq Constitutions cantonales (*Sammlung der Bundes verfassung und der auf 1 Janner 1880 in kraft bestehenden kantonsverfassungen*); ils occupent chacun en moyenne 32 pages grand in-8°.

lection des députés est censée n'en pas faire partie, de telle sorte que la Chambre a pu considérer le mode de scrutin, et pourrait tout aussi bien considérer la durée de son mandat comme dépendant exclusivement de sa volonté ou de son caprice, les Constitutions de la Suisse garantissent les citoyens contre les empiétements du législateur; elles élèvent les libertés publiques au-dessus des lois; elles forment un contrôle suprême qui domine et qui règle tous les pouvoirs.

2° Indépendance du gouvernement local

Le Grand Conseil n'usurpe nulle part les attributions de ce gouvernement : ainsi, il appartient aux électeurs de la commune, réunis en assemblée générale, de fixer le budget de leurs recettes et de leurs dépenses, d'approuver les comptes de l'exercice écoulé, d'établir l'assiette de l'impôt, de contracter des emprunts, de décider sur la construction

des routes, sur la fondation et la direc-
ɿion des écoles, sur l'administration des
biens communaux, sur les secours à
donner aux pauvres, aux vieillards et
aux infirmes, ainsi que sur les établis-
sements à créer en leur faveur, d'arrêter
les règlements de police et de voi-
rie, etc. La tutelle du gouvernement
cantonal ne ressemble en rien à la tutelle administrative qui pèse sur nos
communes françaises (1).

Les électeurs communaux élisent

---

(1) Ainsi, dans le canton de Zurich, le conseil
de district exerce une surveillance sur l'administration des communes et de leurs biens ; les
décisions de l'assemblée communale peuvent
être attaquées si elles dépassent visiblement
le but de l'institution, si elles entraînent une
augmentation considérable des impôts, si elles
blessent d'une façon indécente les lois de l'é-
quité. Ajoutons que les membres du conseil de
district sont élus pour trois ans par les citoyens
du district. — En France, toutes les délibérations du conseil municipal doivent être soumises à l'approbation du préfet, agent exclusif du
pouvoir central, ou peuvent être annulées par
lui. Ce fonctionnaire a en outre le droit de sus-
pendre le conseil ou de le faire dissoudre par le
chef de l'Etat.

pour un temps déterminé le conseil communal, le maire ou président de ce conseil dont l'autorité se borne presque exclusivement à la police, le secrétaire de la commune, le juge de paix, l'instituteur, le trésorier, l'agent-voyer, le garde forestier, etc. ; ils fixent le traitement de ces divers officiers, ils entendent annuellement le compte rendu de leur gestion et les tiennent pour responsables des fautes commises.

Plusieurs cantons sont divisés, non seulement en communes, mais en districts, dont les fonctionnaires sont choisis et les affaires discutées en assemblée publique par les électeurs de ces circonscriptions (1).

3° Fonctions électives

Il n'y a pas que les autorités communales qui soient à la nomination du Peuple ; sans parler des membres du Grand

---

(I) Le canton de Berne, par exemple, renferme 512 communes et 30 districts.

Conseil qui sont toujours élus par les citoyens, les fonctions du canton sont le plus souvent électives. Ainsi, les conseillers d'Etat sont nommés au premier degré dans Appenzell (extérieur et intérieur), Bâle-campagne, Genève, Glaris, Schaffouse, Thurgovie, Unterwald (haut et bas), Valais, Zurich (I).

Il en est de même partout des juges de paix, excepté à Genève. Quant aux juges de première instance, ils tiennent directement leur mandat des électeurs dans Argovie, les deux Appenzell, Bâle-campagne, Berne, Glaris, les Grisons, Lucerne, Saint-Gall, Schaffouse, Schwyz, Soleure, Thurgovie et Zurich (2).

Lorsque les agents du pouvoir exécutif et du pouvoir judiciaire tiennent di-

---

(I) Dans Uri, sur les onze membres du Conseil d'Etat, six sont élus par la Landsgemeinde et cinq par le Landrath.

(2) Dans les cantons de Genève, de Neuchâtel, de Tessin et de Zug, ces juges sont élus par le Grand Conseil ; dans les autres, il existe un mode mixte de nomination. Quant aux magistrats de la Cour suprême du canton, ils sont

rectement leur mandat du Peuple, ils forment par cela même une solide barrière aux empiétements du pouvoir législatif, alors même que ce pouvoir se compose d'une seule Assemblée.

4° Mandataires à temps et responsables

Toutes les Constitutions stipulent qu'aucun mandat ne sera donné à vie. En outre, les fonctions, qu'elles résulvent du choix du Grand Conseil ou du vote populaire, sont généralement de courte durée. Les instituteurs de tout grade et les prêtres des diverses confessions n'échappent pas à cette commune loi. Les autorités d'un ordre élevé, comme les présidents et vice-présidents du Grand Conseil et du conseil d'Etat, ne

---

nommés directement dans les deux Appenzell, Glaris, Obwald et Schwyz ; dans Uri, six membres sont élus par la Landsgemeinde et cinq par le Landrath ; partout ailleurs, ils tiennent leur mandat du Grand Conseil.

sont jamais nommées que pour un an, et ne sont pas rééligibles à l'expiration de leur mandat. La clause de non-rééligibilité s'applique quelquefois aux présidents et aux vice-présidents des cours de justice.

Si l'on ajoute que tous les fonctionnaires publics sont responsables de leur gestion devant les tribunaux, on comprendra, sans qu'il soit besoin d'insister, comment avec des institutions pareilles, les Suisses ont peu à redouter les abus de leurs gouvernants.

5e Referendum

Nous avons dit plus haut qu'on désigne sous ce nom l'acte par lequel les lois et les décrets d'une portée générale sont soumis à la sanction du Peuple. Il y a deux sortes de referendum que nous appellerons le *referendum obligatoire* et le *referendum conditionnel.*

Là où le premier est exigé par la Constitution, les décisions de la Chambre doivent, pour être valables, recevoir une publicité déterminée (tantôt être insérées simplement dans le Journal officiel, tantôt être communiquées à domicile aux électeurs), et, après un certain délai, être proposées à l'acceptation ou au rejet du Peuple.

Le referendum obligatoire existe : pour toutes les lois, dans Argovie, Bâle-Campagne, Berne, les Grisons, Saint-Gall, Schwyz, Soleure, Thurgoie et Zurich; pour tout engagement augmentant la dette nationale de plus d'un million, dans le canton de Vaud ; enfin, dans le Valais, pour toute dépense extraordinaire de 60,000 fr. au plus, et pour toute dépense ordinaire de 20,000.

Quant au referendum conditionnel, il consiste en ce que, un certain temps après que la décision du Grand Conseil a été rendue publique, un nombre déterminé d'électeurs a le droit de demander que cette décision soit soumise au vote populaire. Si cette demande est faïte dans ses formes que la Constitution indique, le Grand Conseil doit y obtempérer sans retard. Le nombre d'électeurs nécessaire pour obtenir le referendum varie avec chaque canton : pour Zug, il est de 1,000 ; il est de 1,500 pour Bâle-Ville et Schaffouse, de 5,000 pour Lucerne, de 6,000 pour Vaud et pour Saint-Gall.

Il n'y a que deux Etats pour lesquels le referendum n'existe pas du tout : ce sont Fribourg et le Tessin.

La sanction n'est pas seulement obligatoire ou conditionnelle pour les lois proprement dites, mais encore pour les lois de finance. Dans le canton de Berne, le budget est dressé pour quatre ans; et soumis au Peuple la première année; le plus souvent, dans les autres cantons, les électeurs n'ont qu'à statuer sur les décrets du Grand Conseil qui modifient la situation financière existante par des emprunts, par des impôts nouveaux, par une dépense extraordinaire ou ordinaire d'une quotité donnée (par exemple 200,000 francs ou 20,000 francs à Zurich) (1).

---

(1) Je ne veux pas sortir de mon sujet, la question des deux Chambres envisagée par rapport

6° **Droit d'initiative**

Ce droit n'est pas moins important en Suisse que le referendum. Dans le demi-canton de Nidwald, tout électeur, toute corporation peut adresser au landamman, qui les transmet au Grand Conseil, des propositions de loi motivées. Si ces propositions ne sont pas manifestement contraires à la Constitution cantonale, le Grand Conseil a le devoir de les publier, de recueillir les contre-propositions qui peuvent être faites, de les publier également, et de soumettre les unes et les autres, sans y rien ajouter

---

au contrôle populaire. Je ne puis toutefois m'empêcher de faire observer que, si les électeurs français avaient à se prononcer d'une façon efficace sur le budget annuel, sur l'assiette de l'impôt, sur l'amortissement de la dette, le Parlement ne pourrait aggraver si facilement les charges financières, soit pour des travaux publics ou des subventions industrielles d'une utilité contestable, soit pour des entreprises oiutaines sans nécessité.

et sans en rien retrancher, à la discussion et au vote de l'assemblée générale des électeurs, c'est-à-dire de la Landsgemeinde.

Une règle non moins démocratique est en vigueur dans le canton de Rhodes-intérieures.

A Zurich, tout vœu émis par un citoyen doit, s'il est appuyé par un tiers des membres du Grand Conseil, être soumis au Peuple dans ses assemblées politiques. L'auteur de la proposition a le droit d'exposer ses motifs au sein même de la Chambre, pour peu que vingt-cinq membres appuient sa demande d'explication. Enfin, dans le cas où la Chambre se montre trop défavorable au vœu exprimé pour lui accorder le tiers de ses suffrages, ce vœu doit néanmoins être soumis au Peuple, s'il est appuyé par 5,000 électeurs.

Dans le canton d'Uri, il suffit que sept hommes appartenant à des familles différentes présentent collectivement une proposition au Landrath, pour que ce Conseil soit tenu de la placer à l'ordre du jour de la Landsgemeinde, et de la mettre en délibération publique en donnant son avis.

Dans les autres cantons, et c'est le plus grand nombre, où le droit d'initiative existe, la Chambre unique est obligée de déférer au vote populaire, les propositions qui lui sont faites si elles émanent d'un nombre d'électeurs déterminé par la Constitution (1).

Le droit d'initiative n'est pas limité dans son objet ; il ne se rapporte pas uniquement à l'établissement d'une loi nouvelle, à la modification ou à la suppression d'une loi existante ; il s'applique encore à la Constitution dont la revision partielle ou totale peut, à toute époque, pour chaque canton, comme pour la Confédération entière, être réclamée par un certain nombre d'électeurs(2). Nous ne connaissons d'exception

---

(1) Ce nombre est de 1,000 seulement pour Bâle-ville, Schaffouse et Zug ; il est de 1,500 pour Bâle-campagne, de 2,000 pour Soleure, de 2,500 pour Thurgovie, de 5,000 pour Argovie.

(2) 50,000 pour la Confédération ; 1,000 à 8.000 pour les cantons à démocratie représentative.

que pour Genève: dans ce canton l'initiative de la revision appartient au Grand Conseil, mais, d'autre part, celui-ci a le devoir de poser au Peuple tous les quinze ans la question de savoir si cette revision doit avoir lieu.

7º Droit de Révocation

En Suisse, le Peuple a le droit de demander la dissolution de la Chambre. Il suffit qu'une semblable demande soit adressée au Conseil d'Etat par 1,000 électeurs à Schaffouse, par 4,000 à Soleure, par 5,000 à Lucerne et à Thurgovie, par 6,000 à Argovie, pour que le Peuple soit appelé à décider dans ses comices s'il y a lieu, ou non, de conserver la Chambre existante. Dans le cas où la dissolution est prononcée, une nouvelle Chambre est élue, et les autorités dont le choix lui est confié par la Constitution sont renouvelées. La nouvelle Chambre. demeure en fonctions pendant le temps qui reste à courir sur la durée légale de l'ancienne.

Tels sont, dans le cas d'une Chambre unique, les compensations, les contre-poids établis par les citoyens des cantons suisses au profit de leur souveraineté. *C'est dans l'institution de ces contre-poids que réside* pour ces citoyens libres. comme pour tous les peuples démocratiques, *le problème du gouvernement.* On comprend maintenant pourquoi nous avons écrit, au début de ce chapitre, que la présence d'une seule Chambre dans les cantons helvétiques confirme, au lieu de la contredire, la nécessité de conserver deux Chambres dans notre pays, puisque nous ne possédons aucun des sept moyens décrits ci-dessus pour faire équilibre à la toute puissance de nos législateurs.

VII

Il se trouvera peut-être des hommes politiques pour nous dire : A quoi bon tant de détails sur les constitutions de la Suisse ? Qu'ont-ils à faire dans le sujet qui nous occupe ? Pourquoi ne pas aborder en elle-même la question des deux Chambres ? Ne serait-il pas préférable de l'isoler pour l'étudier avec soin, au lieu de la compliquer par des considérations accessoires ?

Ceux qui nous adresseraient cette objection ressembleraient à un horloger qui, ayant à réparer une montre en mauvais état, s'occuperait d'en remplacer ou d'en raccommoder un rouage, sans s'inquiéter si le ressort fonctionne bien. Le ressort, en matière politique, c'est la souveraineté du Peuple, dont l'action et le contrôle doivent s'exercer sur tout, suivant les deux lois exposées au chapitre III. C'est au principe de cette souveraineté qu'il convient de rapporter toujours l'organisation de l'Etat.

Ainsi agissent les peuples libres chaque fois qu'ils modifient leurs institutions : ils commencent par se demander si le changement proposé ne nuit pas aux franchises, aux libertés établies par les coutumes et par les lois. Le procédé logique de l'abstraction ne conduit en politique qu'à l'application de théories ridicules et dangereuses, comme nous en avons fait dans notre histoire la triste expérience.

La question des deux Chambres ne peut être séparée du système gouvernemental. Si vous avez la démocratie pure, comme dans certains cantons de la Suisse, comme dans les *townships* de la Nouvelle-Angleterre, aucune Chambre proprement dite, aucune autorité délibérante n'est nécessaire. Il en est de même lorsque la souveraineté a été déléguée tout entière à un monarque : le roi ou l'empereur agit par lui-même avec l'aide d'un conseil privé chargé de préparer ses décisions, et il n'est contrôlé que par la révolte ou l'assassinat. Mais si vous avez une monarchie représentative et, à plus forte raison, si vous voulez avoir une démocratie représentative, alors Il faut multiplier et rendre efficaces les contrôles du Peuple.

En ce cas, les hommes politiques que ne veulent pas se tromper eux-mêmes et tromper le pays, en plaçant tout simplement au fronton de l'édifice monarchique l'étiquette républicaine, en ce cas, disons-nous, les hommes politiques s'inspirent de l'exemple donné par tous les Etats constitutionnels : ils gardent deux Chambres, et ils les gardent d'autant plu volontiers que la France n'a pas les moyens de suppléer à une seconde Assemblée par des freins ingénieusement disposés au profit de la souveraineté populaire.

VIII

Ces freins sont ce que les Américains appellent *Checks and Balances*. Ils ne parlent jamais de leur Constitution politique sans faire remarquer que le seul procédé pour prévenir les abus du gouvernement, et par conséquent l'oppression du Peuple, consiste à ne confier à personne, roi ou Parlement, le pouvoir tout entier, mais à donner à chaque officier public la dose exacte d'autorité qui lui permettra de servir son pays dans sa propre fonction, tandis qu'un autre officier public le surveille et constate qu'il accomplit son devoir tout entier et rien que son devoir.

Nous savons bien qu'il est de mode en France, depuis la guerre du Mexique, de critiquer sévèrement les institutions américaines, et, à cet égard, les *leaders* de l'opportunisme ont, comme en toute autre matière, servilement copié l'Empire. Ils se sont donné beau jeu en pre-

nant à parti les malversations de fonctionnaires publics, et en se fondant sur
quelques bruyants scandales, comme
celui de Tweed à New-York, pour cons-
puer, sans autre examen, la Constitution démocratique des Etats-Unis.Nous
avons indiqué ailleurs(1) à quelles causes
il convient d'attribuer ces faits de corrup-
tion qu'on ne saurait justement imputer
à l'organisation de la grande république.

Si les adversaires politiques dont nous
parlons étaient plus avisés ou plus sincè-
res, ils regarderaient du côté de la
Suisse, de la Suisse qui a eu bien soin,
en 1848 et en 1874, de s'inspirer, sans
parti pris et sans fausse vanité, des
constitutions américaines, et ils verraient
qu'en ce pays, où les fonctions sont
pourtant électives et temporaires, on
ne parle pas de malversations chez
les mandataires du Peuple. Ils regarderaient également du côté de la Russie,

---

(1) *L'élection des fonctionnaires publics*, page 57.

et ils y apercevraient des désordres administratifs plus graves qu'aux Etats-Unis avec des institutions diamétralement opposées.

Mais nous ne voulons pas insister sur les Etats-Unis dont nous avons eu l'occasion de parler souvent (1). Relativement au sujet de cette étude, nous avons démontré dans deux articles publiés dans la *Vérité*, les 3 et 5 juillet dernier, et intitulés l'*Equilibre politique*, que le contrôle est la pierre angulaire du gouvernement américain. Notre conclusion était celle-ci :

« En France, avec l'omnipotence parlementaire ou avec l'autorité absolue d'un seul, les fautes ou les crimes des gouvernants ne peuvent être réprimés que par la guerre civile ou par la guerre étrangère. On n'a jamais trouvé et l'on ne trouvera jamais, si l'on conserve le système, d'autre procédé de contrôle

-----

(1) Voir notamment *Lois et mœurs républicaines*, chez Delagrave, et le *Programme de la Démocratie*, publié dans la *Vérité* pendant les mois de février, mars, avril et mai 1881.

et de répression. *Quis custodiet custodes?* C'est l'ennemi, l'ennemi du dedans ou du dehors. Aux Etats-Unis, les gardiens se gardent les uns les autres, et le Peuple garde tous les gardiens. Aussi y voit-on régner la paix et la liberté.»

Nous avons sous les yeux un manuel fort en usage dans les écoles primaires des Etats-Unis (1); l'auteur se propose de faire connaître aux enfants les principes sur lesquels est fondée la Constitution politique de leur patrie. Nous ne voudrions pas manquer de respect à ceux qui, en France, passent ou cherchent à se faire passer pour des hommes d'Etat mais nous croyons devoir leur dire qu'ils auraient grand profit à lire ce petit traité. Ils comprendraient pourquoi les jeunes Américains sont à même de connaître et de comprendre mieux qu'eux les lois du gouvernement démocratique, de même qu'en visitant les Alpes suisses,

---

(1) *A manual of american ideas, by Caspar Hopkins.*

ils constateraient, qu'ils ont, en bien des cas, pas mal de points à rendre aux pasteurs de l'Oberland.

Comment ne pas trouver des législateurs, des juges ou des administrateurs de bon sens parmi les hommes qui ont lu et appris dans leur enfance, c'est-à-dire à l'époque où les impressions sont si fortes et où se forment des souvenirs si durables, les lignes suivantes que nous traduisons textuellement ?

« Il est dans la nature humaine qu tout individu investi d'un pouvoir politique cherche à en abuser aux dépens du Peuple. Par suite, aucune autorité sans responsabilité ou sans frein ne doit être conférée à un homme ou à un groupe d'hommes. Le pouvoir doit être distribué par petites portions entre un grand nombre de fonctionnaires électifs, dont chacun contient les autres et balance leur influence. »

IX

Ah ! combien la France serait plus grande et plus prospère, si les politiques de la Révolution française avaient médité sur de semblables exemples, au lieu de se déterminer d'après les suggestions de la théorie pure, s'ils avaient moins écouté Sieyès et interrogé davantage les Français qui avaient combattu pour l'indépendance américaine, et qui auraient pu raconter sur quels principes était basé, depuis un siècle et demi, le gouvernement des colonies de l'Amérique du Nord !

Mais les politiques de 1789 négligèrent de regarder en dehors de nos frontières ; ils négligèrent même de lire dans notre propre histoire. Est-ce que les Francs ne contrôlaient pas les actes de leurs chefs dans ces assemblées publiques, dont l'usage fut par eux importé de la Germanie, et dans lesquelles le suffrage des guerriers s'exprimait par des murmures ou par l'agitation de leurs framées? Est-ce que le comte et le centenier n'étaient pas contrôlés par les hommes libres du comté et de la centurie qui les assistaient dans les cours de justice? Est-ce que la série de droits et de devoirs qu'impliquait la hiérarchie féodale ne constituait pas un contrôle, souvent fort efficace, sur les divers membres de cette hiérarchie, et notamment sur leur chef qui était le roi? Est-ce que les communes avec leurs chartes et leurs officiers élus ne tenaient pas plus ou moins en échec les seigneurs et la royauté?

Quand Richelieu eut achevé de détruire la puissance des grands vassaux, quand Louis XIV eut dépouillé les communes et les corporations d'arts et métiers de la plupart de leurs franchises, le problème du gouvernement devint complètement méconnu. Il sembla, d'après l'idée que les légistes n'avaient cessé de propager depuis Philippe-le-Bel, que la solution de ce problème consistât à simplifier le pouvoir. Cette erreur acquit avec le temps, et grâce aux artifices royaux, une prépondérance croissante dans les esprits; les défenseurs des droits de la multitude ne surent pas plus s'en garantir que les flatteurs des princes, et, tandis que les monarchistes disaient : *Si veut le Roi, si veut la loi*, les Jacobins agissaient comme s'ils eussent dit : Si veut la Convention, si veut le Peuple.

Et cependant nous trouvons dans la Constitution du 24 juin 1793 la trace de préoccupations qui ont aujourd'hui presque complètement disparu.

Cette Constitution stipule, en effet, que tout projet de loi doit être imprimé et envoyé aux communes de la République. Quarante jours après l'envoi de la loi proposée, si, dans la moitié des départements plus un, le dixième des assemblées primaires de chacun d'eux, régulièrement formées, n'a pas réclamé, le projet devient loi. S'il y a réclamation, le Corps législatif convoque les assemblées primaires, et le Peuple exprime ses suffrages par *oui* et par *non*.

Ainsi, à l'heure actuelle, les Français qui réclament la suppression de la Chambre haute, sans réclamer en même temps les autres garanties, analogues au referendum, qu'établissent ou conservent les nations démocratiques, ces Français, disons-nous, sont en arrière, non seulement de ces nations, mais encore des législateurs de 1792.

Ils sont victimes ou complices d'un préjugé demeuré cher à une partie, et à la partie la plus républicaine de notre pays. Tandis que des deux Chambres de Washington, c'est le Sénat qui jouit surtout de la considération publique, tandis que dans chacun des trente-huit Etats de l'Union américaine, les deux Chambres sont également populaires, la Chambre haute excite en France de vives répugnances. Ces répugnances, rien, *au point de vue des principes*, ne les justifie et tout les condamne. Il est fort à regretter que les hommes les plus capables de le comprendre hésitent trop souvent à exprimer hautement leur opinion, dans la crainte de compromettre leur crédit et de perdre une situation qu'ils doivent en partie à des concessions faites à l'erreur publique. Quant à nous qui ne briguons pas plus la popularité que nous ne craignons la défaveur, nous disons la vérité tout entière sans prendre souci ni de ceux qu'elle flatte, ni de ceux à qui elle déplaît.

X

La nécessité du contrôle étant établie il paraît superflu d'ajouter que la dualité législative contribue à ce contrôle. Le 19 mai dernier, la Chambre s'est prononcée à une faible majorité contre le scrutin de liste. Cette faible majorité a été obtenue malgré les répugnances d'un grand nombre de députés, qui ont pensé toutefois que le renouvellement de leur mandat valait bien l'octroi de leur suffrage. Si le Sénat ne s'était trouvé là pour arrêter le projet, nous en éprouverions déjà les suites funestes. A cette occasion, le Sénat s'est montré plus indépendant et plus politique que la Chambre : plus indépendant, car il n'a pas obéi à un mot d'ordre ; plus politique, parce qu'il n'a pas examiné d'une façon abstraite les deux modes de scrutin en les soumettant à une comparaison étroite, et qu'il a signalé dès l'abord les dangers de cette entreprise hardie dirigée contre la souveraineté du Peuple.

Benjamin Constant a dit : *La nation n'est libre que si les députés ont un frein.* Le Sénat est le frein des députés, comme la Chambre est le frein des sénateurs. Un Parlement unique est le plus court chemin vers la dictature. En effet, les députés sont irresponsables matériellement, et même moralement, car ils peuvent toujours réclamer dans une question compromettante le scrutin secret et rejeter sur leurs collègues les conséquences du vote. Or, avec un corps irresponsable on est exposé à toutes les aventures : rien n'empêche la Chambre unique, dont les arrêts sont sans appel, de livrer le pays à l'homme dont elle subit le joug par entraînement, par faiblessse, par indifférence ou par intérêt.

On a cru justifier l'unité législative en disant : « Si les deux Chambres sont d'accord, l'une d'elles est inutile; si elles ne le sont pas, elle est nuisible. » Ce raisonnement ne vaut pas la peine d'ê tre relevé : il suppose que les députés sont infaillibles. Il est plus juste de dire : « Si une loi est bonne, il n'y a aucun inconvénient à ce qu'elle soit soumise à deux discussions, dans deux enceintes séparées et à un certain intervalle l'une de l'autre (1); si elle est mauvaise , il y a tout avantage à ce qu'elle puisse être arrêtée ». Et si l'on réplique qu'une bonne loi peut être arrêtée aussi, nous répondrons qu'ave la liberté de la presse et de réunion on réussit toujours à faire réparer une erreur, et qu'à tout prendre, de même qu'il vaut mieux acquitter un coupable que condamner un innocent, de même il vaut mieux être privé d'une bonne loi que d'en subir une mauvaise.

---

(1) Les constitutions de la Suisse stipulent la condition de soumettre les lois permanentes à deux délibérations distantes l'une de l'autre de plusieurs mois.

XI

Avons-nous besoin d'ajouter que, si deux Chambres sont indispensables, elles doivent émaner toutes deux du vote populaire ? Nous n'admettons pas le mode de recrutement fantastique par lequel un hameau de cent habitants a autant d'influence sur la composition du Sénat que la capitale de la France, de telle sorte que nous avons créé chez-nous, en 1875, les *bourgs pourris* dont les libéraux anglais se sont débarrassés en 1832.

Nous n'admettons pas qu'il existe de sénateurs inamovibles, ni que le Sénat élise lui-même une partie de ses membres. Nous n'admettons pas davantage l'élection par le Congrès suivant une idée trop légèrement émise et trop bizarre pour qu'on s'attarde à la discuter

Les vices de la constitution actuelle de la Chambre haute sont bien sentis.

par les électeurs (1) ; ils ont raison de les vouloir supprimer ; mais quand ils veulent supprimer aussi la Chambre haute, ils ressemblent au médecin qui proposerait de supprimer le malade pour supprimer la maladie.

(1) Le pouvoir conféré au Président de la République (art. 5 de la loi constitutionnelle du 25 février 1875), de dissoudre la Chambre des députés, sur l'avis conforme du Sénat, n'est pas compatible avec une organisation démocratique.

XII

En résumé, les peuples qui prospèrent au sein de la démocratie, ont grand soin de rédiger leur constitution de manière à exercer un contrôle actif et efficace sur la gestion de leurs mandataires.

La dualité législative contribue à ce contrôle.

Les Républiques démocratiques l'ont instituée pour le gouvernement de l'Etat ; les Américains l'appliquent même au gouvernement régional, et quelquefois, comme à Boston, New-York, Philadelphie, à l'administration de leurs cités.

Les cantons de la Suisse n'ont qu'une Chambre, et quelquefois pas de Chambre du tout ; mais en ce cas, la souveraineté populaire en est plutôt renforcée qu'amoindrie : il existe sept moyens principaux de contrôle qui garantissent les citoyens contre les abus de leurs mandataires.

Dans la France, longtemps courbée sous l'oppression monarchique, dans la France centralisée à l'excès, de telles garanties n'existent pas ; elles sont même ignorées du plus grand nombre. En l'absence de tels freins, la Chambre haute n'est encore qu'une faible barrière opposée aux empiétements du pouvoir législatif; ce serait donc folie que de la détruire.

Ce qu'il faut, c'est instituer au plus tôt les sept moyens de contrôle, ou tout au moins certains d'entre eux, tels que les garanties constitutionnelles, le gouvernement local, l'èlection des fonctionnaires, et renvoyer à plus tard le soin de discuter à nouveau la question des deux Chambres. Cette dernière réforme, en admettant qu'elle soit utile, peut attendre ; les autres ne le peuvent pas, si nous ne voulons être sifflés quand nous appelons pompeusement *République* ou *Démocratie* le gouvernement de la Royauté et de l'Empiré.

XIII

La question des deux Chambres une fois écartée, celle de la Revision ne rencontrera plus de la part du Sénat d'insurmontable obstacle. Le mode de recrutement de ce corps sera certainement changé, mais bon nombre de ses membres seront appelés de nouveau, et ils jouiront devant l'opinion publique d'une autorité morale qui leur est aujourd'hui parcimonieusement accordée.

Le pays devra d'ailleurs de la reconnaissance aux sénateurs qui voteront la Revision en dehors de toute préoccupation personnelle, car la Revision a pour nous une importance que rien n'égale. Il n'entre pas dans le cadre de cette étude d'en énumérer les motifs souvent exposés et défendus par les rédacteurs de ce journal, et particulièrement décrits par Edouard Portalis dans son beau livre *Deux Républiques*.

Je me borne à rappeler que la Constitution de 1875 n'est pas l'œuvre d'une assemblée spécialement chargée d'en rédiger le texte, mais d'une assemblée dominée par les convoitises du pouvoir — qu'elle n'a pas été soumise, suivant la véritable règle républicaine, à la sanction populaire ; — qu'elle ne garantit pas les droits primordiaux des citoyens comme le font les soixante-cinq Constitutions des Etats-Unis et de la; Suisse, comme le faisaient nos Constitutions de 1791, 1793 et 1795 ; — qu'elle ne délimite pas ou délimite mal les pouvoirs législatif, exécutif, judiciaire ; — qu'elle consacre l'omnipotence du Parlement, dangereuse et corruptrice à la fois ; — qu'elle n'institue pas les contrôles à l'aide desquels les peuples libres résolvent le problème du gouvernement ; — qu'elle expose la France à subir, malgré elle, les entreprises les moins honorables et les plus funestes, comme l'expédition de Tunisie, et à les payer avec le sang de ses soldats et l'épargne de ses travailleurs; — qu'en un mot, elle ne répond en rien aux sentiments démocratiques de la nation.

Je ne suis pas de ceux qui désirent 'innovation à tout propos ; je considère que la Constitution d'un pays, résultant de l'ensemble de ses coutumes et de ses lois, ne saurait être touchée à la légère. Mais où trouver chez nous un tel ensemble ? Quelle autre nation est à cet égard plus disloquée que la nôtre ? On a écrit : les dieux et les rois sont partis ; mais les coutumes sont parties également. Quant aux lois, quelle incohérence n'existe pas entre elles ? Est-ce que les lois politiques sont concordantes ? Est-ce que les lois civiles sont en harmonie avec les lois politiques ? Est-ce que les unes et les autres ne forment pas disparate avec l'esprit régnant ? Il faut que les lois soient reliées par des rapports logiques, il faut qu'elles reposent sur des principes communs, ou ce ne sont plus des lois. Ces principes communs, il appartient au Peuple de les fixer par sa Constitution.

Quelques politiques pensent qu'il suffit de modifier la Constitution de 1875 sans la refaire de fond en comble : ce n'est pas avec un tel replâtrage qu'on conservera un édifice mal construit. En 1771, les Parlements s'efforçaient de tenir en échec l'arbitraire royal, et ils réclamaient avec insistance la convocation des Etats-Généraux. Il se trouva un homme de ressources qui prétendit faire cesser l'antagonisme en envoyant, dans la nuit du 20 janvier, des mousquetaires chargés d'ordonner à domicile aux magistrats de Paris, de renoncer à leur opposition. Ceux-ci refusèrent le ministre en question confisqua leur charge, les envoya en exil, et les remplaça par des conseillers nouveaux qu'il déclara inamovibles. Cette nouvelle investiture eut le sort qu'elle méritait ; le chancelier Maupeou et son parlement furent l'objet de la risée publique, et dix-huit ans plus tard les Etats-Généraux s'assemblaient aux applaudissements du peuple.

Les Etats-Généraux étaient pour cette époque ce que pour la nôtre est la Revision.

Dans l'état de désarroi que manifes-

tent nos opinions politiques, il est puéril de recourir à des expédients; il faut
réformer en s'inspirant de ces paroles
magistrales de Washington : « Si le
« grand ensemble est mal conduit, tous
« les détails seront emportés par le nau
« frage général (1). »

---

(1) Lettre à Benjamin Harrisson, citée par
M. Ed. Laboulaye, Histoire des Etats-Unis,
tome III, p. 101.

XIV

Il faut donc reviser et tout reviser. Que la crainte de reviser trop tôt n'arrête pas nos législateurs !

Le 17 septembre 1787, la Convention de Philadelphie avait arrêté les termes de la Constitution américaine ; déjà, en 1789, dix amendements avaient été introduits dans cette Constitution ; le onzième le fut en 1794 ; le douzième en 1803 ; le treizième, le quatorzième et le quinzième en 1865, 1866 et 1869.

Le nombre des revisions totales ou partielles subies par les constitutions régionales des Etats-Unis est évalué à 300 environ par Edouard Portalis.

J'ai compté que, depuis 1830, les électeurs des cantons suisses se sont réunis 79 fois dans leurs comices pour élaborer ou réformer leur pacte régional.

Ces revisions fréquentes n'impliquent nullement un esprit de révolution et des visées démagogiques. On se trom

perait fort si l'on croyait qu'elles ne. se
produisent en Amérique que sur les
nouveaux défrichements, là où affluent
surtout les immigrants des diverses
parties du monde, au sein de populations avides de gain et de bien-être et
renfermant parfois des recrues d'une
moralité douteuse. L'exemple du Massa-
chusetts suffirait pour réfuter une semblable erreur. Cet Etat, en effet, s'est
trouvé colonisé d'abord par ces pu-
ritains qui, chassés de l'Angleterre
et réfugiés en Hollande, quittèrent en
1620 le port de Delft sur le *Mayflower* et
s'établirent à Plymouth. Sans doute, les
mœurs austères et exclusives, que Na-
thaniel Hawthorn a décrites avec autant de charme que de vérité, ne sont
plus aujourd'hui ce qu'elles étaient
alors ; néanmoins, cette province est
encore citée comme le cœur des Etats-
Unis, comme le foyer le plus intact des
traditions du passé. Eh ! bien, le Massa-
chusetts, qui s'est donné une Constitution en 1780, l'a revisée en 1820, 1831,
1833, 1836, 1840, 1855, 1857, 1859, 1860 et
1863, en tout dix fois en 83 ans.

On se tromperait encore si l'on pensait qu'en Suisse les revisions n'ont guère lieu que dans les cantons donnant asile aux émigrés politiques et ayant pour capitales des villes grandes et peuplées. Ces revisions sont surtout en rapport avec l'esprit d'indépendance et l'amour de liberté qui anime les citoyens, et souvent c'est chez les populations rurales les plus attachées à leurs anciennes franchises qu'on les constate en plus grand nombre.

Le canton de Glaris, par exemple, est situé au cœur des montagnes; il est assis sur les sauvages vallées de la Linth et de la Sernf; ses 35,000 habitants sont occupés pour la plupart de l'élève du bétail; leur principale industrie consiste à fabriquer avec le lait de leurs vaches et le trèfle mélilot un fromage vert qui s'expédie jusqu'en Amérique.

La capitale, Glaris, ne renferme que 5,500 personnes; elle est comme une cité perdue au fond d'un cirque que dominent des cîmes escarpées, non loin du sombre lac de Wallenstadt. Il ne règne pas en ce

pays une soif bien ardente du pouvoir,
car les c. arges publiqués rapportent
peu. Il n'en est pas moins vrai que les
montagnards de Glaris ont modifié
leur Constitution de 1836 en 1842, 1851,
1866, 1873, 1874 et 1880, six fois en quarante-quatre ans.

XV

Si de tels exemples suffisent pour convaincre les sénateurs et les députés, ils voteront la revision de la Constitution de 1875; ils chargeront une Assemblée spéciale de rédiger une Constitution nouvelle qui devra être soumise à la sanction du Peuple.

S'il s'en trouve parmi eux qui, sans être opposés à l'idée de Revision, hésitent, malgré les conseils de l'expérience démocratique, à toucher au pacte fondamental, ou à y toucher en ce moment, nous leur suggérerons un procédé bien simple, qui est à la fois le plus simple et le plus juste et qui mettra leur conscience à l'abri de tout remords.

Ce procédé que nous n'avons pas encore entendu conseiller en France est cependant écrit tout au long dans les vingt-six Constitutions de la Suisse : *il consiste à soumettre aux électeurs la question de savoir si la Constitution doit être ou non revisée.*

Que les législateurs votent donc sans crainte ! Une telle épreuve ne les engage pas beaucoup ; elle est un hommage bien naturel rendu à la souveraineté du Peuple, et elle tranchera la question beaucoup mieux que tous les discours.

Qu'il s'écoule un ou deux mois entre la décision des Chambres et la votation populaire ; que la presse, les réunions, et même les clubs, puissent discuter librement l'utilité de la Revision, et, quand les urnes auront parlé, chacun s'inclinera devant le verdict de la Nation !

FIN

Paris. — Imprimerie du Centre, J. VOSSEN Directeur
9, rue d Aboukir, 9.